2.
Lesestufe

Sven Gerhardt

Flos fabelhafte Fahrrad-Werkstatt

Mit Bildern von Larisa Lauber

Ravensburger

Bibliografische Information der Deutschen Nationalbibliothek:

Die Deutsche Nationalbibliothek verzeichnet diese Publikation
in der Deutschen Nationalbibliografie.
Detaillierte bibliografische Daten sind im Internet
über http://dnb.d-nb.de abrufbar.

MIX
Papier aus verantwortungsvollen Quellen
FSC® C111262
FSC
www.fsc.org

1 3 5 4 2

Ravensburger Leserabe

Postfach 2460, 88194 Ravensburg
Umschlagbild: Larisa Lauber
Fachberatung: Dr. Birgitta Reddig-Korn
Textredaktion: Nina Schiefelbein
Produktion & Satz:
Weiß-Freiburg GmbH – Grafik und Buchgestaltung
Printed in Germany
ISBN 978-3-473-46048-9

www.ravensburger.de
www.leserabe.de

Inhalt

Überraschung im Schuppen

„Viel Spaß bei Oma!“,
ruft Flos Mutter aus dem Auto.
Flo winkt seinen Eltern nach.
Dann sind sie hinter
der nächsten Hausecke verschwunden.
Flo soll seine Ferien
bei Oma verbringen.
„Hoffentlich wird das hier
nicht stinklangweilig“, denkt er.

Am liebsten fährt Flo Fahrrad.
Das kann er bei Oma
aber nicht machen.
Sein Fahrrad hat nicht
in den Kofferraum gepasst.
„Du bist traurig,
weil Mama und Papa
nun weg sind, oder?“, fragt Oma.
Flo nickt.
„Und ich vermisse mein Fahrrad“,
flüstert er.

Oma grinst.
„Das lässt sich bestimmt ändern."
Flo schaut sie neugierig an.
„Komm mal mit, ich zeig dir was",
sagt Oma geheimnisvoll.
Sie führt Flo zum alten Schuppen
neben dem Haus. Die Tür knarrt.
Drinnen ist es staubig und dunkel.

Oma schaltet das Licht an,
und Flo staunt.
„Toll, eine richtige Werkstatt!“
„Nicht schlecht, oder?“, lacht Oma.
Damit hat Flo nicht gerechnet.
Im Schuppen gibt es eine Werkbank
und ziemlich viel Werkzeug.
Zangen und Hammer hängen
ordentlich an der Wand.
Es gibt auch jede Menge
Schrauben und Nägel.
Alles ist prima aufgeräumt.

Zu Hause hat Flo mit Papa
schon mal sein Fahrrad repariert.
Eine so tolle Werkstatt
haben sie allerdings nicht.
Oma zieht eine graue Decke beiseite.
Darunter verbergen sich
zwei alte Fahrräder.
„Das sind ja Rennräder“,
sagt Flo und strahlt.

Oma erzählt,
dass sie vor vielen Jahren
Radrennen gefahren ist.
Sie zeigt auf ein altes Foto,
das in einem Rahmen
an der Wand hängt.
„Das war ich“, sagt Oma.
„Super“, sagt Flo.
Die junge Frau sieht Oma
tatsächlich ähnlich.

„Das ist schon sehr lange her“,
seufzt Oma.
Sie war früher wirklich gut
im Radfahren.
Als Flos Mutter zur Welt kam,
hat sie damit aufgehört.
Die Rennräder hat sie aufgehoben.
Sie müssten aber dringend
repariert werden.
„Willst du mir helfen,
sie wieder herzurichten?“,
fragt Oma.
Das will Flo natürlich unbedingt!

Frage Was vermisst Flo bei Oma?

(**Antwort:** Sein Fahrrad.)

Der erste Auftrag

Flos Oma kennt sich wirklich gut
mit Fahrrädern aus.
Zuerst zeigt sie ihm,
wie man einen Reifen flickt.
Als Nächstes reparieren sie
die Gangschaltung.
Das ist kompliziert,
aber mit Omas Werkzeug
klappt es prima.

„Wenn du an dieser Schraube drehst,
läuft die Kette besser“,
erklärt Oma.

Flos Hände sind schwarz vom Öl.
Das Arbeiten macht riesigen Spaß.
Und hungrig.
Also holt Oma Limo und Kekse.
Am Abend haben sie das erste Rennrad
fast fertig repariert.
„Morgen putzen wir es noch“,
sagt Oma.
„Dann sieht es wieder aus wie neu.“

Am nächsten Morgen
ist Flo früh wach.
Er kann es kaum erwarten,
wieder in die Werkstatt zu gehen.
Doch wo ist Oma?
Der Frühstückstisch ist gedeckt,
aber Oma ist nicht da.
Schnell rennt Flo zum Schuppen.
Dort findet er sie.
Oma wundert sich,
dass Flo schon aufgestanden ist.

Dann zeigt Oma auf ein Schild
über dem Schuppen.

steht dort in großen Buchstaben.
Sie sind bis zur Straße zu sehen.

„Das habe ich gemalt,
als du noch geschlafen hast“,
sagt Oma.
Die Überraschung ist ihr gelungen!
Flo bedankt sich und umarmt Oma.
„Diese Ferien werden ganz bestimmt
nicht langweilig“, denkt er.

Den ganzen Tag über arbeiten sie
in der Werkstatt.
Dabei vergessen sie sogar fast
das Mittagessen.
„Oh, was macht ihr denn hier?“,
fragt plötzlich ein Mann.
Er hat vom Gartenzaun aus
das Schild gesehen.

„Hallo, Herr Nachbar“,
begrüßt ihn Oma.
„Wir reparieren Fahrräder!“
Der Nachbar ist begeistert.
„Könnt ihr mein Fahrrad
auch reparieren?“, fragt er.
Oma grinst, und Flo nickt.
„Gerne!“, antwortet Oma.
Flos Fahrrad-Werkstatt
hat damit den ersten Auftrag!

Wovon sind Flos Hände schwarz? **Frage**

(**Antwort:** Vom Öl.)

Es gibt viel zu tun

Beim Fahrrad des Nachbarn
ist die Bremse kaputt.
„Da müssen wir wohl
die Bremsleitung erneuern“,
sagt Oma.
Flo schaut sie nachdenklich an.
„Das ist bestimmt nicht einfach!“

„Stimmt. Aber wir schaffen das“,
sagt Oma.
Die Reparatur dauert lange.
Flo hilft, so gut er kann.
Und schließlich klappt es!
Die Bremse funktioniert wieder.
Oma zieht auch noch
alle Schrauben am Rad nach.

Der Nachbar ist begeistert!
„Was kostet die Reparatur?“,
fragt er.
„Nichts!“, sagt Oma.
Der Nachbar kann es kaum glauben.
Glücklich fährt er davon.

Kurz darauf erscheint ein Mädchen.
Sie heißt Lisa und schiebt
ihr buntes Kinderfahrrad
in die Werkstatt.
„Meine Klingel klingelt nicht mehr“,
sagt sie.
„Kein Problem!“, sagt Flo.
Die Klingel ist schnell repariert.
„Es ist echt toll,
dass es eure Werkstatt gibt“,
sagt Lisa.

Im Laufe des Tages
kommen immer mehr Leute.
Alle bringen kaputte Fahrräder.
Die Neuigkeit hat sich schnell
bei den Nachbarn herumgesprochen.
Oma nimmt die Aufträge entgegen.
Flo hat alle Hände voll zu tun.
Wenn er bei einem Problem
nicht weiterweiß, hilft ihm Oma.

Gemeinsam reparieren sie
ein Fahrrad nach dem anderen.
Alle Kunden wundern sich,
dass sie nichts bezahlen müssen.
„Wir helfen eben gern“, sagt Oma.

Wenn sie zwischendurch Zeit haben,
schrauben Flo und Oma
an den alten Rennrädern.
Das macht Flo am meisten Spaß.
Mit den gebogenen Lenkern
und den bunten Farben
sehen sie wirklich toll aus.
„Feierabend!“, sagt Oma.
Es ist schon fast dunkel geworden.
Die Zeit in der Werkstatt
vergeht wie im Flug.

Frage Was ist an Lisas Fahrrad kaputt?

(**Antwort:** Die Klingel.)

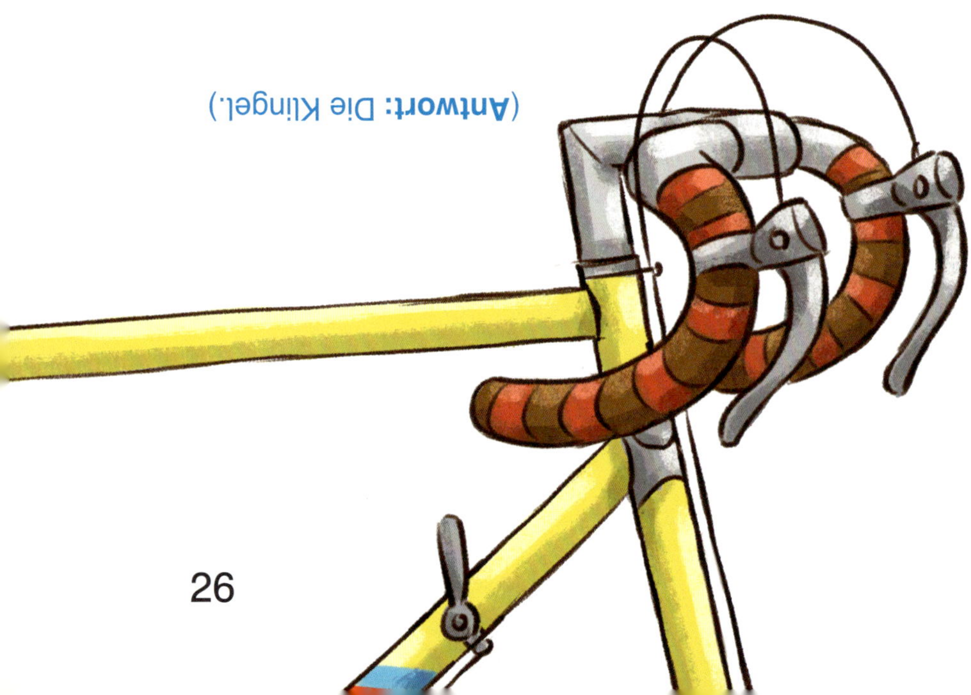

Zufriedene Kunden

In der Nacht träumt Flo
von Schrauben und Pedalen.
Und er träumt, dass er mit Oma
eine Radtour macht.
Auf den alten Rennrädern
flitzen sie durch die Straßen.
Alle Leute jubeln ihnen zu.
„Das ist Flo von der Werkstatt“,
rufen sie.

Als Flo aufwacht,
will er sich sofort wieder
an die Arbeit machen.
„Erst wird gefrühstückt“,
sagt Oma und lacht.
Auch heute reparieren sie
viele Fahrräder.
Omas Liste ist voll:

- Blaues Klapprad: Kette ölen
- Gelbes Damenrad: Lampe reparieren
- Grünes Tandem: Gangschaltung einstellen
- Rotes Kinderfahrrad: Stützräder abmontieren
- Schwarzes BMX: Speichen nachziehen

Flo lernt beim Reparieren
eine ganze Menge über Fahrräder.
Oma ist eine sehr gute Lehrerin.
Wenn sie selbst nicht weiterweiß,
schaut sie im Internet nach.
„Ach, so geht das!“,
ruft sie dann immer.
„Hätte ich mir
ja auch denken können!“

Am Mittag kommt der Nachbar vorbei.
„Ihr habt bestimmt Hunger“,
sagt er.
In einem Korb hat er belegte Brote
und Saft mitgebracht.
Als Dankeschön für die Reparatur.
„Oh, wie nett“, sagt Oma.
Auch Flo freut sich.
Sein Magen knurrt nämlich schon.

Kurz darauf bringt Lisa
eine Dose mit Schokokeksen vorbei.
„Die hab ich mit meiner Mutter
für euch gebacken“, sagt sie.
„Weil ihr meine Klingel
repariert habt.“
Gut gestärkt machen sich Flo
und Oma wieder an die Arbeit.

Je mehr Fahrräder sie reparieren, desto mehr Leute bringen ihnen leckere Sachen vorbei:
Der alte Mann mit dem Klapprad schenkt ihnen ein Glas Marmelade.
Die Frau mit dem gelben Damenrad bringt eine Flasche Apfelsaft.
Die Zwillinge mit dem Tandem haben einen Kuchen gebacken.
Der Junge mit dem Kinderfahrrad gibt ihnen eine Tafel Schokolade.
Allerdings fehlt schon ein Stück.
Der Jugendliche mit dem BMX-Rad bringt frische Brezeln vom Bäcker.

Oma lacht. „Ich glaube,
die Leute sind zufrieden
mit unserer Arbeit!“
Als alle Fahrräder repariert sind,
kommen die Rennräder an die Reihe.
Flo putzt sie blitzblank.
Oma gibt noch ein paar Tropfen Öl
auf die Kette.

Flos Augen glänzen.
„Das sind die coolsten Fahrräder,
die ich je gesehen habe“,
sagt er begeistert.
Auch Oma ist zufrieden.
„Morgen machen wir damit
eine schöne, lange Radtour!“

Frage

Was hat der Nachbar im Korb?

(**Antwort:** Belegte
Brote und Saft.)

Eine traumhafte Fahrradtour

Am nächsten Tag packt Flo
den Apfelsaft, den Kuchen
und die Brezeln in einen Rucksack.
Die Leckereien sind genau
das Richtige für ein Picknick.
Die Schokolade und die Kekse
sind leider schon aufgefuttert.

Oma findet in ihrem Schrank
noch zwei alte Trikots.
Sie sind mit bunten
Schriftzügen bedruckt.
Sogar die Startnummern
sind noch angebracht.
„Du bekommst das gelbe“, sagt Oma.
„Das ist etwas kleiner.“
Das Trikot geht Flo
fast bis zu den Knien.
Aber das ist ihm egal.
Er fühlt sich darin
wie ein echter Radprofi.

Einen passenden Helm
hat Oma auch noch gefunden.
Endlich holen sie
die Rennräder aus dem Schuppen.
Oma stellt den Sattel
an Flos Fahrrad etwas tiefer.
Dann erklärt sie ihm
die Gangschaltung.
Flo findet das ziemlich umständlich.
Bei seinem eigenen Fahrrad
geht es einfacher.

„Daran gewöhnst du dich schnell“,
sagt Oma.
„Und jetzt: Nichts wie los!“
Flo fährt zunächst
sehr langsam und vorsichtig.
Er ist ja noch nie
mit einem Rennrad gefahren.
Er muss den Rücken krumm machen,
um an den Lenker zu kommen.
Bei seiner Oma sieht das
sehr sportlich aus.

Das Fahrrad fühlt sich leicht an.
Nach ein paar kräftigen Tritten
fährt es schon sehr schnell.
Die Kette surrt,
und der Wind weht Flo um die Nase.
Es macht riesigen Spaß!
„Sieh mal, wir haben Zuschauer“,
sagt Flos Oma plötzlich.

Am Straßenrand stehen die Leute,
deren Fahrräder sie repariert haben.
Sie winken den beiden begeistert zu.
„Wie in meinem Traum“, denkt Flo.
Er ist so glücklich
wie schon lange nicht mehr.
Auch seine Oma scheint
viel Spaß zu haben.
Sie grinst nämlich genauso breit
wie auf dem alten Foto im Schuppen.

Frage

Welche Farbe hat Flos Trikot?

(**Antwort:** Gelb.)

Leserabe

Leserätsel

Rätsel 1 Was bin ich?

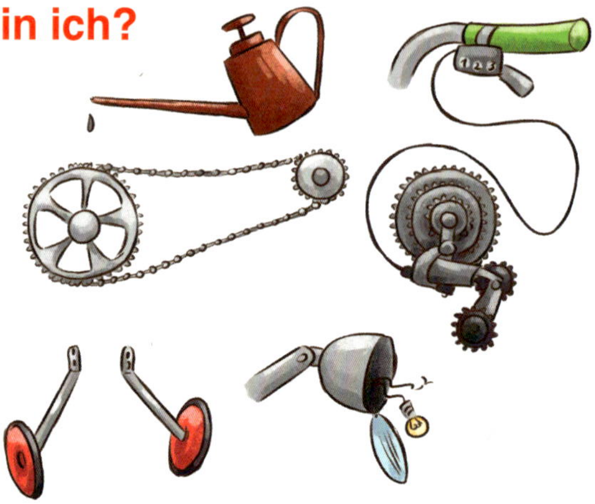

1. Ich bin zum Teil rund.
2. Ich habe keine Zacken.
3. Von mir gibt es zwei.

Rätsel 2 Silben-Salat

Bringe die Silben in die richtige Reihenfolge!

PA - TUR - RE - RA

Wörter im Versteck

Rätsel 3

Insgesamt sind sechs Wörter versteckt.
Kreise sie ein.

S	L	I	M	O	B
C	O	B	P	A	R
H	I	W	K	U	E
I	T	H	S	T	Z
L	F	O	T	O	E
D	K	A	B	E	L

Lösungen
Rätsel 1: Stützräder (unten links), **Rätsel 2:** Reparatur,
Rätsel 3: Schild, Auto, Brezel, Limo, Foto, Kabel

Leserabe

Rabenpost

Rätsel 4 Rätsel für die Rabenpost

Im Schuppen gibt es
- Spielzeug. **W**
- Werkzeug. **K**

Das Foto hängt an der
- Wand. **E**
- Tür. **A**

Die Reparatur kostet
- nichts. **T**
- viel. **Z**

Oma ist eine gute
- Bäckerin. **O**
- Lehrerin. **E**

Lösungswort

			T	

Hast du das Lösungswort herausgefunden?
Dann kannst du jetzt tolle Preise gewinnen.

Gib das Lösungswort auf der Leserabe-Website ein oder schick es mit der Post an folgende Adresse:

An den Leseraben
Rabenpost
Postfach 2007
88190 Ravensburg
Deutschland

* Wir verwenden die Daten der Einsender nur für das Gewinnspiel und nicht für weitere Zwecke.
Alle weiteren Informationen zum Datenschutz und über unser Gewinnspiel findet ihr unter **www.leserabe.de**.

Leserabe

Lesen lernen wie im Flug!

In drei Stufen vom Lesestarter zum Leseprofi

Vor-Lesestufe
Ab Vorschule

ISBN 978-3-473-46022-9

ISBN 978-3-473-46023-6

ISBN 978-3-473-46024-3

1. Lesestufe
Ab 1. Klasse

ISBN 978-3-473-46025-0

ISBN 978-3-473-46026-7

ISBN 978-3-473-46027-4

2. Lesestufe
Ab 2. Klasse

ISBN 978-3-473-46028-1

ISBN 978-3-473-46029-8

ISBN 978-3-473-46066-3

ERZ 21 003